AFI43761

La voie du rétablissement

© 2022, David Maille
Édition : BoD – Books on Demand, info@bod.fr
Impression : BoD – Books on Demand,
In de Tarpen 42, Norderstedt (Allemagne)
Impression à la demande
ISBN : 978-2-3224-3860-0
Dépôt légal : Juin 2022

David Maille

La voie du rétablissement

Avant-Propos

Dans ce livre vous allez pouvoir retrouver les épreuves que j'ai surmonté ainsi que les coulisses de mon rétablissement personnel.

Chaque personne vit son rétablissement de manière très différentes et en aucun cas je ne prétend être à la place de qui que ce soit.

Mon rétablissement a été un parcours semé d'embûches, ma transition de l'ombre à la lumière,
du mal être au bien être,
De la douleurs au rétablissement.
j'ai préféré présenter ce livre de la manière dans laquelle je suis le plus à l'aise, c'est-à-dire la poésie.
Vous trouverez l'intégralité de mon album de slam qui est disponible également en version musical sur toutes les plateformes de téléchargement légales et streaming.

Je tiens à remercier ma famille et mes amis pour
leurs soutiens
ainsi que le centre de réhabilitation psycho social
de proximité de la Dordogne

Sur ce, je vous souhaite une agréable lecture en
espérant que ce livre vous plaira !

Anxiété sociale

depuis petit j'ai peur d'être rejeté
d'où l'origine de mon anxiété
en confiance j'ai jamais connu la satiété
depuis que j'ai 16 ans j'emmerde la société

depuis petit je suis solitaire
j'aimais pas me livrer je préférais me taire
j'avais peur d'être juger par des tiers
la solitude est mon tombeau mon mal être est mon cimetierre
j'ai toujours été mal à l'aise dans cette société
quand je repense à tous ces été
que j'ai préféré rester enfermé
plutôt que de sortir m'amuser
j'ai du arrêter le lycée
car j'ai été celui qu'on adorait blesser
t'inquiète je sais ce que c'est
la discrimination qu'elle soit mentale ou raciale
elle est la cause de mon anxiété sociale

La voie du rétablissement

aujourd'hui ça va beaucoup mieux merci
j'ai réussi à me faire des amis
qui ne me juge pas malgré mes fautes
je tiens à leurs dédié ces quelques notes
je n'ai plus d'idée suicidaire
à travers l'écriture je me libère
j'ai de nouvelles préoccupation
celle d'écrire et faire des sons
des poème sous formes musicales qui sort des caissons
j'ai enfin retrouver espoir
et comme je dis souvent je préfère avoir le syndrome de la page blanche que des idées noires...

David Maille

Rétablissement

j'ai longtemps été ce jeune en errance
ce patient en souffrance
ma vie n'avait aucun sens
j'ai longtemps perdu toute espérance
de sortir de ce gouffre immense
qui envenime mon sentiment d'impuissance
heureusement ma vie a pris tout son sens
et a pu récompenser ma patience

j'ai longtemps été mal dans ma peau
j'avais le moral au fond du pot
j'avais mal au point de vouloir en finir
je ne croyais plus du tout en l'avenir
la mort je voyais venir
ce besoin de en permanence de me punir
on me disait " t'inquiète un jour ça ira mieux"
je n'en croyais pas un mot je voulais quitter ces
lieux
je voulais quitter la terre
je n'avais plus la force de ramasser mon coeur à
terre
mais heureusement on m'a bien pris en charge
et pas à pas j'ai appris à reprendre courage

La voie du rétablissement

j'ai longtemps été ce jeune en errance
ce patient en souffrance
ma vie n'avait aucun sens
j'ai longtemps perdu toute espérance
de sortir de ce gouffre immense
qui envenime mon sentiment d'impuissance
heureusement ma vie a pris tout son sens
et a pu récompenser ma patience

aujourd'hui grâce à Dieu
je vais beaucoup mieux
des gens m'on fait confiance
et on apaiser ma méfiance
grâce à une thérapie adapté
j'ai su reprendre pied
j'ai repris goût à la vie
j'ai rendu mon entourage ravi
je suis arrivé à me rétablir
ma vie est en train de s'embellir
on m'a accordé une seconde chance
ma vie a retrouver son sens
je tiens à dire merci
à ma famille et amis
ceux qui ont adapté leurs quotidiens
pour que je puisse enfin me sentir bien

Stigmatisation

cette société veut que tu paraisses fort de
l'extérieur
même si tu es détruit à l'intérieur
certains nous considèrent comme inférieurs
tout ça à cause d'une pathologie qui nous fait
vivre dans la douleur

J'ai écrit une petite balade
pour les gens qui sont comme moi malades
on se sent stigmatisés
à cause d'un mal être qui fait qu'on est visés
par certaines personnes qui nous jugent pour
nous vexer
"les fous" voilà comment certains nous ont
baptisés
mais ne perdons pas espoir
car cette pathologie c'est comme un pouvoir
on doit la considérer comme une force et non
une faiblesse
et tant pis si ça gêne certain qui nous jugent
comme des diables et diablesses

cette société veut que tu paraisses fort de
l'extérieur
même si tu es détruit à l'intérieur
certains nous considèrent comme inférieurs
tout ça à cause d'une pathologie qui nous fait
vivre dans la douleur

Moi aussi j'ai longtemps été dans le même cas
j'ai aussi subi les mêmes dégâts
la stigmatisation qui fait des ravages
des gens qui nous jugent comme des sauvages
dans mon coeur et mon cerveau ça m'a fait des
dommages
qui ne partiront pas avec un simple gommage
donc pourquoi tant de manières face à un
schizophrène?
où un homme en fauteuil roulant?
on respire le même oxygène
mais juste pas aussi facilement
ce n'est pas contagieux pourtant je sais qu'avant
de me rétablir pas à pas
certains savent comme moi qu'il y a des regards
qu'on n'oublie pas
pour clôturer mon texte je dirais juste que la
stigmatisation
c'est comme une prison

mais comprendre la pathologie et l'accepter
c'est nous offrir un peu de liberté

cette société veut que tu paraisses fort de
l'extérieur
même si tu es détruit à l'intérieur
certains nous considèrent comme inférieurs
tout ça à cause d'une pathologie qui nous fait
vivre dans la douleur

Famille à rétablir

famille d'usager
famille engagé
famille soudé
famille prête à écouter
la souffrance de votre frère soeur ou enfant
qui est en voie de rétablissement

j'ai écris une balade
pour les familles qui ont un proche malade
c'est compliqué
d'avoir un mal être difficile à expliquer
et c'est dur d'assumer
ce mal qui est en train de le consumer
mais garder la foi restez fort
c'est à force de courage et d'effort
et d'un suivi établi
qu'il sera rétabli

famille d'usager
famille engagé
famille soudé
famille prête à écouter
la souffrance de votre frère soeur ou enfant
qui est en voie de rétablissement

Je comprend votre douleur
avoir un proche malade est un malheur
mais conservez vos valeurs
car c'est bientôt son heure
son heure de bonheur
de son rétablissement qui vous enverra du
baume au coeur
oui c'est difficile, je l'admet
mais soyez là pour lui et continuez de lui montrer
que vous l'aimez
si c'est dur pour vous ça l'est encore plus pour lui
s'il vous plait aidez le à sortir de ce puit
qui est en train de le faiblir
et avec votre amour donnez lui la force de se
rétablir

Le slam du Pair Ressource

Tes symptômes tu repousse,
on va te donner un coup de pouce,
il faut comprendre le malaise à la source,
on va t'aider en temps que Pair ressource,

On comprend ton mal être,
Cette société te juge à ton paraître,
Il veulent que tu paraisse fort à l'extérieur ,
Même si tu es bousillé de l'intérieur,
Je comprend ta douleur,
J'ai connu le même malheur,
D'avoir une maladie,
Qui te détruit l'esprit,

La voie du rétablissement

T'inquiète tout n'est pas perdu,
On va t'aider à retrouver la vie qui t'es dû,.
Un programme de suivi on va établir,
Pour que tu puisse enfin te rétablir

Tes symptômes tu repousse,
on va te donner un coup de pouce,
il faut comprendre le malaise à la source,
on va t'aider en temps que Pair ressource

La vie peut être compliqué
quand ton mal être t'a piqué
il faut t'appliquer
pour soigner ce mal difficile à expliquer
la vie est cruel
mais il faut la rendre belle
t'inquiète on va t'aider
pour ta bonne cause on va plaider
tu vas réussir
à avoir une belle vie à accomplir
on va te soutenir
et ta galère ne sera plus qu'un mauvais souvenir

Tes symptômes tu repousse,
on va te donner un coup de pouce,
il faut comprendre le malaise à la source,

on va t'aider en temps que Pair ressource

Amitié atypique

Ensemble, on a bien rigolé
on a bien déliré
on s'est même fait cambriolé
mais rien ne pourra briser notre amitié
que des bons souvenirs avec zanco et Maurelet
on s'est bien marré à la maison relai

premier jour où j'arrive
je sais pas ce qui m'arrive
je pose à peine mes bagages
qu'on est victime d'un putain de cambriolage
ça m'a foutu la rage
mais on a su garder la tête froide
mon inspi n'est pas en rade
quand j'écris pour toi Fred
car on est des amis mais pas en scred

au contraire une belle amitié bien déclarer
une belle amitié est né

Ensemble, on a bien rigolé
on a bien déliré
on s'est même fait cambriolé
mais rien ne pourra briser notre amitié
que des bons souvenirs avec zanco et Maurelet
on s'est bien marré à la maison relai

On t'a surnommer la reine
ce n'est pas la peine
d'essayer de gâcher
notre amitié je sais je fais que rabâcher
je ne sais pas nier
je ne fais que slammer
on était de simple colocataires
on est devenu les meilleurs amis de la terre
les soirées à se vanner
à se pavaner
à se lancer des petits pics avec de l'humour
mais sans mauvaise humeur
toujours avec le coeur

Ensemble, on a bien rigolé
on a bien déliré
on s'est même fait cambriolé
mais rien ne pourra briser notre amitié
que des bons souvenirs avec zanco et Maurelet
on s'est bien marré à la maison relai

Stop

Stop stop à ce monde stone
gouverné par babylone
ce système nous emprisonne
il est grand temps que l'alarme sonne
et qu'on se questionne
pour nous juger ils sont personne

le problème
c'est que ce système
qui tient les rennes
nous tape sur le système

et nous emprisonne à la chaîne
mon slame est fort comme un chêne
je serais toujours dressé comme une volcan
d'auvergne
face à ces ivrogne qui nous gouverne
marre de voir notre évolution reculer
ce système patriarcale peut aller se faire en****

Stop stop à ce monde stone
gouverné par babylone
ce système nous emprisonne
il est grand temps que l'alarme sonne
et qu'on se questionne
pour nous juger ils sont personne

j'ai vu des cousins finir en cage
et ma mère taffer pour un salaire qui pousserait
au braquage
conflit de civilisation à qui profite le crime
mon arme c'est ma rime
ils sont prêt à tout pour nous dominer
même prêt à manipuler la colère du peuple
focalisé sur des minaret
ils sont prêt à tout pour le pouvoir
j'aimerais qu'on attribut un smic au président
juste pour voir
bref je garde confiance

j'aime ma france
je suis un jeune gitan français qu'on néglige
j'aime mon pays, pas ceux qui le dirige

Stop stop à ce monde stone
gouverné par babylone
ce système nous emprisonne
il est grand temps que l'alarme sonne
et qu'on se questionne
pour nous juger ils sont personne

Fils du vent

fils de vent

je suis un fils du vent
ne fais pas ton savant
j'espère qu'avec ce poème
tu prendras les devants
et avant de juger nos vies de bohème
tu réfléchiras dorénavant

La voie du rétablissement

On est libre comme le vent
car de la liberté on a prit les devants
mes rimes se pavanent
dans nos caravanes
de notre mode de vie tu n'es pas fan
mais garde pour toi tes vannes
et laisse moi t'expliquer
notre mode de vie pas compliqué
notre mode de vie qui nous a beaucoups manqué
basé sur le voyage et la liberté

je suis un fils du vent
ne fais pas ton savant
j'espère qu'avec ce poème
tu prendras les devants
et avant de juger nos vies de bohème
tu réfléchira dorénavant

pendant que tu nous assimiles à des voleurs de ferraille
on se bat pour nos coutumes et fuir ton système qui déraille
pendant que tu nous considères comme de vulgaires voleurs

tu n'as pas idées que nos caravanes dissimulent
de vrais valeurs
comme l'a chanté Kendji et il n'a pas tort
viens chez nous et tu verras nos coeurs d'or
je le rejoins sur ce coup là et je t'invite à venir
chez nous
au bord du feu d'une grillade et tu verras que ça
vaut le coup
et quand tu regardes les étoiles flotter au dessus
de la plaine
crois moi il y a rien de mieux pour apaiser ta
peine
et ce que je ne laisserais jamais dans l'oublie
dans la caravane s'endormir avec le doux chant
de la pluie

je suis un fils du vent
ne fais pas ton savant
j'espère qu'avec ce poème
tu prendras les devants
et avant de juger nos vies de bohème
tu réfléchira dorénavant

on est chez nous n'importe où sur terre
on ne connaît aucune frontières
oui chez nous les femmes ont du caractère

La voie du rétablissement

et si tu as mis une de nos cousines en colère
crois moi il vaut mieux te taire
ce soir je me revois avec mon père devant un feu
à regarder le ciel droit dans les yeux
et à remercier Dieu
oui je suis gitan et j'en suis heureux

David Maille

Au revoir

La vie m'a enfin pardonnée
le respect on ne m'en pas donné
j'avais faim d'amour j'ai pas connu la satiété
depuis que j'ai 16 ans j'emmerde la société

j'ai percé avec mon bic
dans ce milieu de vautour
j'ai trouvé mon public
maintenant je veux trouver l'amour
et oui j'ai vécu en caravane
j'ai pas connu le goûter
j'ai le vague à l'âme
je suis dégouté
j'ai toujours été clean
et plein de valeur
mais depuis petit j'ai le spleen
et le coeur plein de malheur

La vie m'a enfin pardonnée
le respect on ne m'en pas donné
j'avais faim d'amour j'ai pas connu la satiété
depuis que j'ai 16 ans j'emmerde la société

Nouveau livre dans les bacs
allez le choper

vous allez vous manger une claque
je peux vous le certifier
maintenant je vais faire une grande pause
et vivre enfin pour moi
il faut que je me pose
pendant quelques mois
vivre et récupérer
de tous ces salons
sinon je vais éclater
un peu comme un ballon
j'ai percé avec mon bic
dans ce milieu de vautour
j'ai trouvé mon public
maintenant je veux trouver l'amour
et oui j'ai vécu en caravane
j'ai pas connu le goûter
j'ai le vague à l'âme
je suis dégouté
j'ai toujours été clean
et plein de valeur
mais depuis petit j'ai le spleen
et le coeur plein de malheur

La vie m'a enfin pardonnée
le respect on ne m'en pas donné
j'avais faim d'amour j'ai pas connu la satiété
depuis que j'ai 16 ans j'emmerde la société

La voie du rétablissement

Le prix de la guerre

OH GRAND FRÈRE SI TU SAVAIS

POUR TOI L'AMOUR QUE J'AVAIS

J'AURAIS DÛ ME TAIRE ET D'OBÉIR

PEUT ÊTRE J'AURAIS PU EMPÊCHER CELA DE SE PRODUIRE

SI TU SAVAIS COMME JE T'AIMAIS

JE POUVAIS TOUT TE CONFIER

MON FRÈRE AÎNÉ

TU M'A DIS "PETIT FRÈRE

La voie du rétablissement

34

QUAND ÇA ARRIVERA

PRENDS SOIN DE NOTRE MÈRE"

JE NE COMPRENAIS PAS

J'ÉTAIS TROP PETIT

JUSQU'AU JOUR OÙ ÇA C'EST PRODUIT

GRAND FRÈRE

POURQUOI ES TU PARTI EN GUERRE

EN LAISSANT DERRIÈRE TOI

UN GOSSE DÉLAISSÉ ABANDONNÉ COMME MOI

OH GRAND FRÈRE

JE N'AURAIS PAS DÛ LES LAISSER FAIRE

LE JOUR OÙ ILS ONT DÉBARQUÉS

POUR T'ENVOYER FAIRE LA GUERRE

COMPRENDS TU QU'AU MOMENT DE PARTIR

JE NE POUVAIS PAS SOURIRE

JE ME SUIS MIS À PLEURER

TU T'ES RETOURNÉ ET TU M'A DIS

"PETIT FRÈRE CHÉRI

La voie du rétablissement

SOIS FORT

C'EST POUR LA PAIX QUE JE FAIS CET EFFORT

JE REVIENDRAIS

JE TE PRIS DE ME PARDONNER

GRAND FRÈRE

POURQUOI ES TU PARTI EN GUERRE

EN LAISSANT DERRIÈRE TOI

UN GOSSE DÉLAISSÉ ABANDONNÉ COMME MOI

OH GRAND FRÈRE J'AI PEUR SANS TOI

DE NE PLUS ENTENDRE TA VOIX

ET CE JOUR MAUDIT

QUI M'A DÉTRUIT

LA GUERRE EST FINI

MAIS ELLE A VOLÉ TA VIE!

LE CIEL AUSSI PLEURE TA PERTE

TU M'A DIS DE RESTER FORT

C'EST POUR ÇA QUE JE N'AI PAS APPUYER SUR LA GÂCHETTE!

J'ÉCRIS MA PEINE

POUR REFOULER MA HAINE

La voie du rétablissement

DÉDICACÉ À TOUTES CES FAMILLES UNI

TOUTES CES FAMILLES DÉMUNI

QUI ONT PERDU UN FILS UN PÈRE UN FRÈRE

EMPORTÉ PAR L'HORREUR DE LA GUERRE...